훈 련 총 서

침례교
직분자

A SERIES OF
TRAINING
BOOK

침례교회는 무엇을 믿는가?

침례교 직분자 훈련총서
침례교회는 무엇을 믿는가?

제1판 2쇄 발행 · 2018년 1월 31일
제1판 5쇄 발행 · 2025년 4월 11일

발행인 | 김용성
펴낸곳 | 요단출판사

주 소 | 07238 서울특별시 영등포구 국회대로 76길 10
기 획 | (02)2643-7390
보 급 | (02)2643-7290 FAX (02)2643-1877
등 록 | 1973. 8. 23. 제13-10호

정가 8,000원

ISBN 978-89-350-1665-5 03230

훈련총서

침례교
직분자

침례교회는 무엇을 믿는가?

A SERIES OF
TRAINING
BOOK

이동원 편저

요단

발간사

침례교 직분자 훈련총서를 발간하며

할렐루야,

침례교회는 전통적으로 성경의 절대적인 권위를 인정하며 선교와 교육에 역점을 두고 부흥 발전해 왔습니다. 펜윅이 침례교 선교사로 1889년 12월 8일 한국에 들어 온 것을 기점으로 한국의 침례교회는 뿌리를 내렸으며 오늘에 이르렀습니다. 또한 자랑스런 침례교회는 기독교 단일 교단으로서는 유일하게 한국에서 일제의 신사참배를 거절하였고 하나님의 말씀을 수호했습니다.

요단출판사는 이러한 침례교의 전통에 입각해 연구, 개발, 출판, 보급을 담당하며 문서선교의 사명을 감당해 왔습니다. 1973년 8월 새신자 훈련총서를 발행하였고 44년이라는 세월을 지내며 교단과 교파를 초월하여 새신자 양육에 있어서 가장 우수한 교재로 사랑을 받아왔습니다. 이제 새신자 훈련총서에 이어 침례교 직분자 훈련총서를 발간합니다. 이를 통해 교회현장의 요구를 충족하고 성도들의 신앙성장과 교회부흥을 촉진하는데 도움이 되기를 소망합니다.

침례교 직분자 훈련총서 발간을 준비하며 기간 중 하나님께서 베푸신 풍성한 은혜와 사랑에 감사합니다. 그리고 이동원 목사님께 감사합니다. 세심하게 집필해 주셔서 본 교재가 세상에 나올 수 있었고 더욱 빛을 발할 수 있었습니다.

지금 한국 교회는 "성장이냐? 쇠퇴냐?"의 중요한 갈림길에 직면하고 있습니다. 1517년 루터의 종교개혁 500주년을 맞이하며 우리는 다시 성경으로 돌아가야 합니다. 침례교의 전통과 정신을 회복해야 합니다. 바로 침례교 직분자 훈련총서를 통해서 이러한 기념비를 다시 세우기를 원합니다. 본 교재를 통해 침례교 정체성이 회복되고 한국 교회가 다시 독수리처럼 날아오르기를 간절히 바랍니다.

"너희는 내게 배우고 받고 듣고 본 바를 행하라 그리하면 평강의 하나님이 너희와 함께 계시리라"(빌립보서 4:9).

요단출판사 대표 **김용성** 목사

서문

침례교 직분자 훈련총서[1]
(침례교회는 무엇을 믿는가?)

이 교재를 여는 분들에게

한국 개신교는 장로교와 감리교 선교사들의 내한과 함께 시작되었고 따라서 한국 기독교의 대표적 문화는 두 교단의 영향을 피할 수 없었습니다. 그래서 침례교회의 문을 두드리는 교우들에게 침례교회와 교리를 소개하는 일이 쉽지 않았습니다. 개신교회 모두가 공유하는 공통적 특성을 침례교도 갖고 있지만 역사적으로 형성해 온 침례교회만의 색깔과 특성을 어떻게 침례교회의 새로운 지체들에게 소개할 수 있느냐는 것은 중요한 목회 과제였습니다. 미국 최대의 개신교단이며 세계속의 침례교가 가진 자랑스러운 유산을 한국의 침례교인들에게도 나누기 위한 소명으로 이 책은 만들어졌습니다.

무엇보다 이 책은 침례교회가 강조해온 교리적 특성들을 중심으로 엮은 것입니다. 이 책의 메시지를 함께 나누는 중에 침례교회의 복음적이고 성경적 유산에 대한 자긍심을 갖고 더 활기찬 믿음의 삶을 누리게 되기를 기도해마지 않습니다. 우리는 일차적으로 그리스도인이지만 동시에 피할 수 없는 교파의 선택에 있어 자랑스러운 침례교인이 되는 것을 보고 싶습니

1) 지구촌교회의 새공동체반 교재를 각색하여 침례교 직분자 훈련총서라 명함.

다. 그런 의미에서 이 책이 우리의 정체성의 뿌리를 확인하는 기쁨의 탐구가 될 것입니다. 이 책을 손에서 놓을 때 우리는 세계적 침례교인들의 믿음의 여정에서 활보하는 뿌리를 지닌 그리스도인으로 더욱 견고한 영적 행보를 약속 받게 될 것입니다.

이 땅에 최초로 침례교회의 복음을 가져온 펜윅 선교사는 찌그러진 물통이라도 복음의 생수를 운반하기 위해 자기를 쓰시는 하나님께 감격한다고 고백했습니다. 복음은 완벽한 생수이지만 생수를 나르는 그릇으로서의 교파나 교단은 결코 완벽할 수 없습니다. 그럼에도 불구하고 보다 나은 물통을 준비하고 선택할 책임은 우리의 것입니다. 이 작은 책자가 그런 목적을 실현하는 작은 도움이 되기를 중보하며 이 책을 사용하는 모든 형제 교회와 성도들에게 주의 평화와 은혜가 함께 하시기를 기도합니다.

함께 침례교회의 지체가 된,

이동원 목사 드림

* 이 교재는 여러 신학자들과 저자들의 견해를 참고하여 편집 되었으므로 '편저'임을 밝혀 둡니다. (이 책의 성격상 인용저서들은 생략합니다.)

서론

Ⅰ. 연구의 목적

알렉스 헤일리(Alex Haley)의 "뿌리"가 나오자 전 세계는 흥분하며 뿌리 찾기운동을 시작하였다. 직분자 훈련총서 공부의 근본 취지는 침례교회의 한 가족으로서 우리가 속한 교단(Denomination)과 교회(Local Church)가 믿고 고백하는 성서적 신앙 주장의 여러 가지 면모들을 연구함으로 보다 의미 있는 침례교회 가족의 한 지체가 되어 교회 사역에 긍정적인 기여를 하는 신앙인이 되도록 성도들의 믿음의 성숙을 도모함에 있다.

침례교회 신앙고백의 공통분모의 확인은 공동체 의식을 결정하는 가장 중요한 요인이라고 믿는다.

1. 교파에 대한 두 가지 극단적 이해

* 당신의 견해를 말해보고 성서의 견해와 비교해 보라.

1) 교파는 교회의 유일한 전통이다.

답 : 예수님은 교파가 아닌 교회의 ________________ 이시다.

2) 교파는 불필요하고 따라서 없어져야 한다.

답 : 교파를 없애고 한 공동체를 세우면 결국 또 하나의 ________가 더해지는 것이다.

2. 교파 이해에 따른 본 연구의 참된 의의

1) 교파는 역사적 교회 발전의 불가피한 양상이다.

2) 교파 교리의 성서적 ____________그대로 이해한다.

3) 타교파와 자교파의 차이를 ______________하며 교파를 넘어선 하나됨을 추구한다.

4) 자신이 속한 교회와 교단을 ___________하는 것을 배운다.

Ⅱ. 연구의 방법

역사적으로 침례교회의 성격을 형성해 온 몇 가지 중요한 교리적 강조점들이 있어 왔다. 이것들은 침례교회의 교리들이기 때문에 중요하기 보다는 실상 성경이 강조하는 교훈들이기 때문에 중요한 것이라고 할 수 있다. 이들 중 어떤 교훈은 비단 침례교회만이 주장하는 것은 아니다. 어떤 것은 개혁(장로)교회에서, 어떤 것은 감리교회에서, 어떤 것은 다른 자유교회(Free Church) 모임들이 강조하는 것이기도 하다. 그러나 대체로 이제부터 우리가 공부하는 몇 가지 항목의 교훈들은, 전체적으로 본 침례교회의 칼라(Color)를 만들어 온 것들이다. 지나간 세기의 침례교회 설교가들은 이것들을 BAPTIST라는 단어의 각 알파벳을 사용하여 "침례교인의 7가지 신앙"이라고 명명하였다. 이것들은 마치 장로교회(개혁교회)의 교리를 요약하여 TULIP이라고 부르는 것과 동일한 형식이다.

T : Total depravity(전적 부패)

U : Unconditional election(무조건적 선택)

L : Limited atonement(제한적 속죄)

I : Irresistible grace(불가항력적 은혜)

P : Perseverance of Saints(성도의 견인)

• 참고: **TULIP**

"침례교인의 7가지 기본 신앙"은 다음과 같은 양식으로 강조되어 왔다.

B : Believer's Priesthood

신자의 ____________ 직

(어떤 이들은 B를 Believer's Baptism 곧 '신자의 침례'라고 부르기도 했다.)

A : Autonomy of the Local Church

자치적 지역교회

P : Primacy of Scripture

성서의 절대적 권위

T : True believers only in the Church

교회 내 참 신자만의 회원권

I : Individual Competency of the Soul

영혼의 개인적 ____________ 성

S : Separation of Church and State

교회와 국가의 ____________

T : Two Ordinances

두 가지 거룩한 의식

1) ____________의 침례(Believer's Baptism)

2) ____________적 주의 만찬(The Lord's Supper as Memorial)

우리는 앞으로 우리가 속해 있는 침례교회의 이상과 주장, 그리고 그 역사의 발자취를 성서에 비추어 검토하고 연구하기로 한다.

목차

제 1 장

우리는

"성서의 절대적 권위"를

믿습니다

제 1 장

우리는 "성서의 절대적 권위"를 믿습니다

침례 교인들은 모든 복음적 그리스도인들과 함께 "오직 성경" 위에 그들의 신앙을 기초하려고 하였다. 침례교인들은 역사적으로 "한 책의 백성들"(a People of the Book)이라고 불리어져 왔다. 이 책은 곧 성경이며, 침례교인들은 성경이야말로 기독교인의 신앙과 행습의 유일한 근거라고 믿는다. 다시 말하면 우리는 다른 어떤 권위보다도 신앙의 근거로서의 "성서의 절대적 권위"(Primacy of Scripture)를 믿고 있는 것이다

실로 성경 없이는 기독교는 존재할 수가 없다. 성경의 영감과 권위에 대한 믿음은 곧 우리의 신앙의 근거를 결정하는 것이 된다. 우리의 신앙은 성경을 신뢰하는 것에 비례하여 성장한다.

"그러므로 믿음은 들음에서 나며 들음은 그리스도의 ________________

으로 말미암았느니라"(롬 10:17).

미국 남침례교인들의 신앙을 표현한 "침례교인의 신앙과 메시지"는 다음과 같이 성경에 대한 우리의 믿음을 고백하였다.

"성경은 성령의 감화를 받은 사람들에 의하여 기록되었으며 인간을 향한 하나님 자신의 계시에 대한 기록입니다. 성경은 하나님의 가르침을 담은 완전한 보배입니다. 성경의 저자는 하나님이시며 목적은 구원이며, 어떤 오류도 없는 진리를 그 내용으로 하고 있습니다. 성경은 하나님께서 인간을 심판하시는 원리를 보여 줍니다. 그러므로 성경은 기독교 연합의 핵심이며 모든 인간의 행위, 교리 및 종교적 견해를 가늠할 수 있는 절대적 기준이 되며 세상 끝 날까지 존속할 것입니다…"

Ⅰ. 성경의 영감

1. 영감의 증거

1) 내증(성경 자체의 증언, 딤후 3:16, 벧후 1:21, 벧후 3:15)

디모데후서 3:16

모든 성경은 하나님의 ________으로 된 것으로 교훈과 책망과 바르게 함과 의로 교육하기에 유익하니

베드로후서 1:21

예언은 언제든지 사람의 뜻으로 낸 것이 아니요 오직 ________의 감동하심을 받은 사람들이 하나님께 받아 말한 것임이라

베드로후서 3:15

또 우리 주의 오래 참으심이 구원이 된 줄로 여기라 우리가 사랑하는 형제 바울도 그 받은 지혜대로 너희에게 이같이 썼고

- 사도 베드로가 사도 ____________ 편지의 영감성을 인정하였다.

2) 증언된 메시지의 독특성

- 하나님이 아니고서는 사람으로서 말할 수 없는 3가지의 독특성 – 신관, 죄관, 구원관이다.

① 신관(新觀): 성경은 ____________ 하신 신의 존재를 증거한다.

② 죄관(罪觀): 성경은 모든 사람의 ____________ 됨을 증거한다.

③ 구원관(救援觀): 성경은 오직 ____________ 으로만 구원 받음을 증거한다.

3) 그리스도의 인용(눅 24:25-27)

누가복음 24:25-27

25이르시되 미련하고 선지자들이 말한 모든 것을 마음에 더디 믿는 자
들이여 26그리스도가 이런 고난을 받고 자기의 영광에 들어가야 할 것
이 아니냐 하시고 27이에 모세와 모든 선지자의 글로 시작하여 모든
성경에 쓴 바 ____________ 에 관한 것을 자세히 설명하시니라

4) 사도들의 인용(딤전 5:18, 신 25:4)

디모데전서 5:18

성경에 일렀으되 곡식을 밟아 떠는 소의 입에 망을 씌우지 말라 하였고 또 일꾼이 그 삯을 받는 것은 마땅하다 하였느니라

신명기 25:4

곡식 떠는 소에게 망을 씌우지 말지니라

• 신약은 구약이 성경임을 인정하였다.

5) 통일성

• 거의 1600년간에 걸쳐 ____________ 이상의 저자가 다른 문화, 국가, 다른 직업의 배경을 가지고 3개 이상의 다른 언어로 기록되었음에도 한결같이 예수의 메시아 되심을 증언하였다.

6) 예언의 성취

• 구약에만 ____________ 개 이상의 예언들이 존재하는데 그 가운데 예수 그리스도의 초림의 예언들은 모두 정확하게 실현되었다.

7) 고고학적인 증거

• 18세기 말에 시작된 성경에 대한 고등비평은 19세기 이후의 성경 고고학의 발달로 성경의 권위를 약화시키지 못하였다.

2. 영감의 조감도

신적 근원	하나님 …으로부터(from) ____________ 된 진리
인간적 도구	기자들 …통하여(thru) ____________ 된 진리
결과	성경 …에로(unto) ____________ 된 진리

Ⅱ. 성경의 권위

성경의 권위는 곧 성경의 정경성 문제와 직결된다. 성경과 유사한 많은 책들 가운데서 왜 하필이면 구약 39권, 신약 27권만이 권위 있는 정경(Canon)으로 채택되었는가라는 물음이다.

1. 구약 정경의 선별 기준

1) 에스라에 의해 대부분 편집되었다.

2) ________________께서 구약의 권위를 인정하셨다.

3) ________________들이 구약의 권위를 인정하였다.

4) 유대인의 전통과 일치한다.

2. 신약 정경의 선별 기준

1) ________________들에 의해 인정되었는가?

2) 책의 ____________________이 충분한 영적 특성을 드러내고 있는가?

3) 초대교회에서 ________________________으로 인정되었는가?

4) 책 자체 안에 ____________________의 내증을 갖고 있는가?

3. 교회와 정경의 관계

로마 카톨릭의 견해	개신교의 견해
· 교회가 정경을 결정	· 교회는 정경을 발견
· 교회가 정경의 어머니	· 교회는 정경의 자녀
· 교회가 정경의 입법자	· 교회는 정경의 집행자
· 교회가 정경의 판단자	· 교회는 정경의 증인
· 교회가 정경의 주인	· 교회는 정경의 종

Ⅲ. 성경을 대하는 바른 자세

1. 성경의 권위는 신앙에 있어서 다른 권위보다 앞서야 한다.

1) 이성주의 : ____________이 모든 것을 판단하는 기준이다.

2) 신비주의 : ____________이 모든 것을 판단하는 기준이다.

3) 로마 카톨릭 : ____________가 모든 것을 판단하는 기준이다.

4) 신조주의(Creedalism) : 역사적 ____________가 모든 것을 판단하는 기준이다.

2. 성령님의 ____________(照明, Illumination)으로 성경은 읽혀지고 연구되어야 한다.(고후 3:14 외)

고린도후서 3:14

그러나 그들의 마음이 완고하여 오늘까지도 구약을 읽을 때에 그 수건이 벗겨지지 아니하고 있으니 그 수건은 ____________안에서 없어질 것이라

고린도후서 4:3-4

3만일 우리의 복음이 가리었으면 망하는 자들에게 가리어진 것이라 4
그 중에 이 세상의 신이 믿지 아니하는 자들의 마음을 혼미하게 하여
그리스도의 영광의 복음의 ________가 비치지 못하게 함이니 그리
스도는 하나님의 형상이니라

요한복음 14:26

보혜사 곧 아버지께서 내 이름으로 보내실 ________ 그가 너희에게 모든 것을 가르치고 내가 너희에게 말한 모든 것을 생각나게 하리라

시편 119:18

내 눈을 열어서 주의 율법에서 놀라운 것을 ________ 하소서

시편 119:130

주의 말씀을 열면 빛이 ________ 우둔한 사람들을 깨닫게 하나이다

3. 성경은 우리의 삶의 모든 영역에 ________________ 되어져야 한다.(딤후 3:16-17)

디모데후서 3:16-17

16모든 성경은 하나님의 감동으로 된 것으로 교훈과 책망과 바르게 함
과 의로 교육하기에 유익하니 17이는 하나님의 사람으로 온전하게 하
며 모든 선한 일을 행할 능력을 갖추게 하려 함이라

* 성경의 역동적 4기능

1) 교훈 2) ______________ 3) ______________ 4) 의로 교육

결론

1677년에 발표된 제2차 런던 신앙고백서 제 1조에는 초기 침례교인들의 성서에 대한 믿음이 다음과 같이 잘 표현되어 있다.

"성경은 구원받게 하는 지식과 믿음과 순종에 있어서 충족하고 확실하며 오류 없는 유일의 규범인 것을 믿습니다."

〈 암송 요절 〉

[16]모든 성경은 하나님의 감동으로 된 것으로 교훈과 책망과 바르게 함과 의로 교육하기에 유익하니 [17]이는 하나님의 사람으로 온전하게 하며 모든 선한 일을 행할 능력을 갖추게 하려 함이라(디모데후서 3:16-17)

이 시간에 배운 "성서의 절대적 권위"의 내용을 150자 이내 다섯줄 정도로 요약해 가지고 오십시오.

제 2 장

우리는
"중생의 필요"와
"예수 그리스도의 주님 되심"을
믿습니다

제 2 장

우리는 "중생의 필요"와 "예수 그리스도의 주님 되심"을 믿습니다

서론에서 살펴본 것처럼 장로교가 "하나님의 주권"을, 감리교가 "인간의 책임"을 강조하는 것이 두드러진다면, 침례교는 "중생(거듭남)의 필요성"을 역설하는 개신교파로 알려져 왔다. 그러나 중생의 진리는 비단 침례교뿐 아니라 모든 복음적 교회의 설교와 가르침의 가장 중요한 주제이었다. 이는 근본적으로 성경이 강조하는 교리이기 때문이다.

그러면 중생(重生)이란 무엇인가?

"침례교인의 신앙과 메시지"는 이 교리를 다음과 같이 정의한다.

"중생 또는 신생은 하나님의 은총으로 이루어지며 예수 그리스도안에서 새로운 피조물이 되는 것이다. 중생은 성령께서 죄에 대한 자각을 통하여 역사하시는 마음의 변화이며 죄인은 하나님께 회개하고 주 예수 그리스도를 믿음으로 응답한다. 회개와 믿음은 서로 분리시킬 수 없는 은총의 경험이다. 회개는 진심으로 죄에서 떠나 하나님께로 향하는 것이다. 믿음이란 예수 그리스도를 영접하고 자신의 전 존재를 주인되시며 구세주가 되시는 그 분께 맡기는 것이다."

Ⅰ. 중생의 필요성

1. 개선이냐? 중생이냐?

개선은 부분적 __________ 이지만, 중생은 근본적 __________ 를 뜻한다.

2. 중생의 필요성 (요 3:1-6)

요한복음 3:1-6

1그런데 바리새인 중에 니고데모라 하는 사람이 있으니 유대인의 지
도자라 2그가 밤에 예수께 와서 이르되 랍비여 우리가 당신은 하나님
께로부터 오신 선생인 줄 아나이다 하나님이 함께 하시지 아니하시면
당신이 행하시는 이 표적을 아무도 할 수 없음이니이다 3예수께서 대
답하여 이르시되 진실로 진실로 네게 이르노니 사람이 거듭나지 아니
하면 하나님의 나라를 볼 수 없느니라 4니고데모가 이르되 사람이 늙
으면 어떻게 날 수 있사옵나이까 두 번째 모태에 들어갔다가 날 수 있
사옵나이까 5예수께서 대답하시되 진실로 진실로 네게 이르노니 사람
이 물과 성령으로 나지 아니하면 하나님의 나라에 들어갈 수 없느니라
6육으로 난 것은 육이요 영으로 난 것은 영이니

1) 누가 거듭나야 하는가?	본문의 내용
2) 왜 거듭 나야 하는가?	본문의 내용
3) 어떻게 거듭날 수 있는가?	본문의 내용

3. 중생의 결과

1) 하나님과의 ____________(Relationship) 그리고 ____________ (Fellowship)가 시작된다.(롬 8:14-15)

로마서 8:14-15

14무릇 하나님의 영으로 인도함을 받는 사람은 곧 하나님의 아들이라.
15너희는 다시 무서워하는 종의 영을 받지 아니하고 양자의 영을 받았
으므로 우리가 아빠 아버지라고 부르짖느니라

2) 지식, 감성, 의지 즉 ____________이 새로워진다.(골 3:10 외)

골로새서 3:10

새 사람을 입었으니 이는 자기를 창조하신 이의 형상을 따라 지식에까지 새롭게 하심을 입은 자니라

> 갈라디아서 5:24
>
> 그리스도 예수의 사람들은 육체와 함께 그 정욕과 탐심을 십자가에 못 박았느니라

> 요한일서 3:9
>
> 하나님께로부터 난 자마다 죄를 짓지 아니하나니 이는 하나님의 씨가 그의 속에 거함이요 그도 범죄하지 못하는 것은 하나님께부터 났음이라

3) 하나님을 기쁘시게 해드리는 인격으로 ____________되어 간다. (롬 8:8)

> 로마서 8:8
>
> 육신에 있는 자들은 하나님을 기쁘시게 할 수 없느니라

* 이런 변화를 기독교 교리는 ____________(聖化, Sanctification)라고 일컫는다.

4) 하나님을 기쁘시게 하는 새 삶 곧, ____________한 삶을 살 수 있다.(엡 2:10, 고후 5:17)

> 에베소서 2:10
>
> 우리는 그가 만드신 바라 그리스도 예수 안에서 선한 일을 위하여 지으심을 받은 자니 이 일은 하나님이 전에 예비하사 우리로 그 가운데 행하게 하려 하심이니라

고린도후서 5:17

그런즉 누구든지 그리스도 안에 있으면 새로운 피조물이라 이전 것은 지나갔으니 보라 새 것이 되었도다

"하늘나라의 입구에는 다음과 같은 경구가 기록되어 있을 것이다."

"오직 거듭난 자만!"

–마르틴 루터

이 사실에 대한 확신은 침례교회의 회원권 개념에도 영향을 미치기 마련이다.

침례교회의 회원권(Membership)은 출석 기간이나 부모의 의지와 관계없이 중생(Regeneration)을 고백한 신자들에게만 주어진다. 이것은 교회의 순결을 유지하기 위한 침례교인들의 중요한 신앙적 관심이었다. "중생한 사람들만의 교회 회원권"(Regeneration church membership)은 생명이 있고 복음적이고 선교적인 침례교회 형성에 기여한 중요한 요인이었다.

Ⅱ. 예수님의 주님 되심

중생한 신자들의 삶에서 가장 중요한 부분은 예수 그리스도의 주권에 자신의 삶을 드리는 일이다. 그리스도인의 삶과 신앙의 가장 중요한 열쇠는 "예수 그리스도의 주님 되심"(The Lordship of Jesus Christ)에 대한 이해와 적용이며 기독교 교리의 기초는 실로 예수께서 주와 그리스도 되신다는 사실에 있다.

1. 기독교의 근본 메시지

* 다음의 말씀을 자신의 말로 설명하고 요약해 보라.(행 2:36)

> 사도행전 2:36
> 그런즉 이스라엘 온 집은 확실히 알지니 너희가 십자가에 못 박은 이 예수를 하나님이 ______와 그리스도가 되게 하셨느니라 하니라

2. 성경의 근본 메시지

1) 만유의 주되신 그리스도(행 10:36, 골 1:16)

> 사도행전 10:36
> 만유의 ______되신 예수 그리스도로 말미암아 화평의 복음을 전하사 이스라엘 자손들에게 보내신 말씀

골로새서 1:16

만물이 그에게서 창조되되 하늘과 땅에서 보이는 것들과 보이지 않는 것들과 혹은 왕권들이나 주권들이나 통치자들이나 권세들이나 만물이 다 그로 ____________ 그를 ____________ 창조되었고

2) 예수 그리스도의 주되심(골 1:14–18, 빌 2:6–11)

골로새서 1:14–18

[14]그 아들 안에서 우리가 속량 곧 죄 사함을 얻었도다 [15]그는 보이지 아
니하는 하나님의 형상이시요 모든 피조물보다 먼저 나신 이시니 [16]만
물이 그에게서 창조되되 하늘과 땅에서 보이는 것들과 보이지 않는 것
들과 혹은 왕권들이나 주권들이나 통치자들이나 권세들이나 만물이
다 그로 말미암고 그를 위하여 창조되었고 [17]또한 그가 만물보다 먼저
계시고 만물이 그 안에 함께 섰느니라 [18]그는 몸인 교회의 머리시라 그
가 근본이시요 죽은 자들 가운데서 먼저 나신 이시니 이는 친히 만물
의 ____________ 이 되려 하심이요

빌립보서 2:6–11

[6]그는 근본 하나님의 본체시나 하나님과 동등됨을 취할 것으로 여기
지 아니하시고 [7]오히려 자기를 비워 종의 형체를 가지사 사람들과 같
이 되셨고 [8]사람의 모양으로 나타나사 자기를 낮추시고 죽기까지 복종
하셨으니 곧 십자가에 죽으심이라 [9]이러므로 하나님이 그를 지극히 높
여 모든 이름 위에 뛰어난 이름을 주사 [10]하늘에 있는 자들과 땅에 있
는 자들과 땅 아래에 있는 자들로 모든 무릎을 예수의 이름에 꿇게 하

시고 [11]모든 입으로 예수 그리스도를 ________ 라 시인하여 하나님 아버지께 영광을 돌리게 하셨느니라

||||||||| **결론** |||||||||

예수 그리스도는 우리 삶의 주가 되셔야 한다.

3. 예수님의 도전

누가복음 9:23

또 무리에게 이르시되 아무든지 나를 따라오려거든 자기를 부인하고 날마다 제 십자가를 지고 나를 따를 것이니라

* 다음의 말씀이 나의 날마다의 생활에서 어떻게 적용되어야 할 것인가를 기록해 보라.

	내용	주재권의 해당 영역
롬 14:7-9		삶과 ________
엡 1:20-23		만물과 ________
눅 6:46-49		말과 ________
고전 6:19-20		몸 ________

로마서 14:7-9

[7]우리 중에 누구든지 자기를 위하여 사는 자가 없고 자기를 위하여 죽
는 자도 없도다 [8]우리가 살아도 주를 위하여 살고 죽어도 주를 위하여
죽나니 그러므로 사나 죽으나 우리가 주의 것이로다 [9]이를 위하여 그
리스도께서 죽었다가 다시 살아나셨으니 곧 죽은 자와 산 자의 주가
되려 하심이라

에베소서 1:20-23

[20]그의 능력이 그리스도 안에서 역사하사 죽은 자들 가운데서 다시 살
리시고 하늘에서 자기의 오른편에 앉히사 [21]모든 통치와 권세와 능력
과 주권과 이 세상뿐 아니라 오는 세상에 일컫는 모든 이름 위에 뛰어
나게 하시고 [22]또 만물을 그의 발 아래에 복종하게 하시고 그를 만물
위에 교회의 머리로 삼으셨느니라 [23]교회는 그의 몸이니 만물 안에서
만물을 충만하게 하시는 이의 충만함이니라

누가복음 6:46-49

[46]너희는 나를 불러 주여 주여 하면서도 어찌하여 내가 말하는 것을 행
하지 아니하느냐 [47]내게 나아와 내 말을 듣고 행하는 자마다 누구와 같
은 것을 너희에게 보이리라 [48]집을 짓되 깊이 파고 주추를 반석 위에
놓은 사람과 같으니 큰 물이 나서 탁류가 그 집에 부딪치되 잘 지었기
때문에 능히 요동하지 못하게 하였거니와 [49]듣고 행하지 아니하는 자
는 주추 없이 흙 위에 집 지은 사람과 같으니 탁류가 부딪치매 집이 곧
무너져 파괴됨이 심하니라 하시니라

고린도전서 6:19-20

19너희 몸은 너희가 하나님께로부터 받은바 너희 가운데 계신 성령의
전인 줄을 알지 못하느냐 너희는 너희 자신의 것이 아니라. 20값으로
산 것이 되었으니 그런즉 너희 몸으로 하나님께 영광을 돌리라

〈참고도서〉 로버트 멍어, 「내 마음 그리스도의 집」

〈 암송 요절 〉

그런즉 누구든지 그리스도 안에 있으면 새로운 피조물이라 이전 것은 지나갔으니 보라 새 것이 되었도다 (고린도후서 5:17)

과제

이 시간에 배운 "거듭남과 예수 그리스도의 주 되심"에 대하여 150자 이내 약 다섯 줄 정도로 요약해 가지고 오십시오.

A SERIES OF
TRAINING
BOOK

제 3 장

우리는
"신자의 영원한 안전"을
믿습니다

제 3 장

우리는 "신자의 영원한 안전"을 믿습니다

"그리스도인의 구원은 영원한 것인가? 확고부동한 사실인가? 그 구원은 다시 잃어버릴 수 없는가?"란 질문을 가질 수 있다. 한 사람이 믿고 구원받을 때 그의 구원은 영원히 보장되며 안전하다. 이 교리를 가리켜 "성도의 견인"(Perseverance of the Saints), "궁극 구원의 교리" 혹은 "신자의 영원한 안전"(Eternal Security of Believers)의 교리라고 하기도 한다.

이 때 구원의 안전이라 하면, 구원을 지키는 인간 능력의 효율성 때문이 아니라 하나님이 구원하셨기 때문에 하나님이 구원을 지키신다고 믿는 것을 뜻한다. 어떤 이들은 이에 대한 확신을 "한번 구원받으면 영원히 받은것"(once saved, always saved)이라는 고백으로까지 표현하기도 하였다.

미국 남침례교회의 "침례교인의 신앙과 메시지"에서는 다음과 같이 선언하고 있다.

"모든 참된 신자들은 끝까지 견딘다(endures to the end). 그리스도 안에서 하나님께서 받아 주시고 성령 안에서 성화된 사람들은 은혜의 상태에서 궁극적으로 떨어지지 않을 것이며 끝까지 인내할 것이다(persevere to the end). 신자들이 나태함과 유혹을 인하여 죄 속에 떨어질 경우 그들은 성령을 근심시키고 주의 은혜와 위로를 물리치고 그리스도의 명예에 상처를 입히고 일시적 심판을 받게 된다. 그러나 구원에 이르는 믿음은 하나님의 능력에 의해 지켜지게 될 것이다."

Ⅰ. 구원상실 여부에 대한 두 가지 입장

1. 칼빈주의적 입장

구원의 주체는 하나님이시므로 한 번 얻은 구원은 하나님에 의해 지켜지기에 다시 ______________ 수 없다.

2. 알미니안적 입장

구원의 보존은 전적으로 인간의 책임 하에 있기 때문에 인간의 불성실로 말미암아 구원을 ______________ 수도 있다.

Ⅱ. 알미니안적 곡해의 원인들

1. 구원문제와 ______________ 문제를 혼동하기 때문이다.(고전 3:10, 14)

고린도전서 3:10, 14

10내게 주신 하나님의 은혜를 따라 내가 지혜로운 건축자와 같이 터를
닦아 두매 다른 이가 그 위에 세우나 그러나 각각 어떻게 그 위에 세울
까를 조심할지니라

14만일 누구든지 그 위에 세운 공적이 그대로 있으면______을 받고

2. 구원문제와 ______________ 문제를 혼동하기 때문이다.(요일 1:7-9)

요한일서 1:7-9

7그가 빛 가운데 계신 것 같이 우리도 빛 가운데 행하면 우리가 서로
사귐이 있고 그 아들 예수의 피가 우리를 모든 죄에서 깨끗하게 하실
것이요 8만일 우리가 죄가 없다고 말하면 스스로 속이고 또 진리가 우
리 속에 있지 아니할 것이요 9만일 우리가 우리 죄를 자백하면 그는 미
쁘시고 의로우사 우리 죄를 사하시며 우리를 모든 불의에서 깨끗하게
하실 것이요

3. 참된 신자와 외식적 교인을 동일시하는 혼동 때문이다.(요 13:6-10)

요한복음 13:6-10

6시몬 베드로에게 이르시니 베드로가 이르되 주여 주께서 내 발을 씻
으시나이까 7예수께서 대답하여 이르시되 내가 하는 것을 네가 지금은
알지 못하나 이 후에는 알리라 8베드로가 이르되 내 발을 절대로 씻지
못하시리이다 예수께서 대답하시되 내가 너를 씻어 주지 아니하면 네
가 나와 상관이 없느니라 9시몬 베드로가 이르되 주여 내 발뿐 아니라
손과 머리도 씻어 주옵소서 10예수께서 이르시되 이미 목욕한 자는 발
밖에 씻을 필요가 없느니라 온 몸이 깨끗하니라 너희가 깨끗하나 다는
아니니라 하시니

* 목욕한 자(한 신자)와 목욕하지 못한 자

4. "거룩한 삶을 범함"에 대한 ____________를 구원 상실을 의미하는 것으로 단정하기 때문이다.(히 6:4-6)

히브리서 6:4-6

4한 번 빛을 받고 하늘의 은사를 맛보고 성령에 참여한 바 되고 5하나
님의 선한 말씀과 내세의 능력을 맛보고도 6타락한 자들은 다시 새롭
게 하여 회개하게 할 수 없나니 이는 그들이 하나님의 아들을 다시 십
자가에 못 박아 드러내 놓고 욕되게 함이라

Ⅲ. 신자의 영원한 안전의 이유

1. 구원은 ________________ 하나님의 사역이기 때문이다.

1) 구원은 우리를 부르신 하나님의 궁극적 목적과 관련되어 있다.
(엡 1:4, 롬 8:30)

에베소서 1:4
곧 창세 전에 그리스도 안에서 우리를 택하사 우리로 사랑 안에서 그 앞에 거룩하고 흠이 없게 하시려고

로마서 8:30
또 미리 정하신 그들을 또한 부르시고 부르신 그들을 또한 의롭다 하시고 의롭다 하신 그들을 또한 영화롭게 하셨느니라

2) 구원은 하나님의 ________________으로 보존되고 있다.
(벧전 1:5, 요 10:29)

베드로전서 1:5
너희는 말세에 나타내기로 예비하신 구원을 얻기 위하여 믿음으로 말미암아 하나님의 능력으로 보호하심을 받았느니라

요한복음 10:29

그들을 주신 내 아버지는 만물보다 크시매 아무도 아버지 손에서 빼앗을 수 없느니라

3) 구원의 보장은 참 신자에게 주어진 하나님의 약속이다. (요 3:16, 5:24)

요한복음 3:16

하나님이 세상을 이처럼 사랑하사 독생자를 주셨으니 이는 그를 믿는 자마다 ________하지 않고 ________을 얻게 하려 하심이라

요한복음 5:24

내가 진실로 진실로 너희에게 이르노니 내 말을 듣고 또 나 보내신 이를 믿는 자는 ________을 얻었고 심판에 이르지 아니하나니 사망에서 생명으로 옮겼느니라

4) 구원은 하나님의 영원한 사랑으로 지켜진다.(사 49:15, 요 13:1)

이사야 49:15

여인이 어찌 그 젖 먹는 자식을 잊겠으며 자기 태에서 난 아들을 긍휼히 여기지 않겠느냐 그들은 혹시 잊을지라도 나는 너를________ 아니할 것이라

요한복음 13:1

유월절 전에 예수께서 자기가 세상을 떠나 아버지께로 돌아가실 때가 이른 줄 아시고 세상에 있는 자기 사람들을 사랑하시되 ________ 사랑하시니라

2. 구원은 ________ 하나님의 사역이기 때문이다.

1) 구원은 그리스도의 죽으심에 근거한다.(히 9:12)

히브리서 9:12

염소와 송아지의 피로 하지 아니하고 오직 자기의 ________ 로 영원한 속죄를 이루사 단번에 성소에 들 어가셨느니라

2) 구원은 그리스도의 부활에 기초한다.(롬 4:25)

로마서 4:25

예수는 우리가 범죄한 것 때문에 내줌이 되고 또한 우리를 ________ 하시기 위하여 살아나셨느니라

3) 구원은 그리스도의 승천으로 보장된다.(요일 2:1)

요한일서 2:1

나의 자녀들아 내가 이것을 너희에게 씀은 너희로 죄를 범하지 않게 하려 함이라 만일 누가 죄를 범하여도 아버지 앞에서 우리에게 ________ 가 있으니 곧 의로우신 예수 그리스도시라

4) 구원은 그리스도의 영원한 사랑으로 보존된다.(롬 8:35–39)

로마서 8:35–39
35누가 우리를 그리스도의 사랑에서 끊으리요 환난이나 곤고나 박해나
기근이나 적신이나 위험이나 칼이랴 36기록된 바 우리가 종일 주를 위
하여 죽임을 당하게 되며 도살당할 양같이 여김을 받았나이다 함과 같
으니라 37그러나 이 모든 일에 우리를 사랑하시는 이로 말미암아 우리
가 넉넉히 이기느니라 38내가 확신하노니 사망이나 생명이나 천사들이
나 권세자들이나 현재 일이나 장래 일이나 능력이나 39높음이나 깊음
이나 다른 어떤 피조물이라도 우리를 우리 주 그리스도 예수 안에 있
는 하나님의 사랑에서 ________ 수 없으리라

3. 구원은 ______________ 하나님의 사역이기 때문이다.

1) 구원은 성령으로 거듭남으로 실현된다.(요 3:5–6)

요한복음 3:5–6
5예수께서 대답하시되 진실로 진실로 네게 이르노니 사람이 물과
________으로 나지 아니하면 하나님의 나라에 들어갈 수 없느니라
6육으로 난 것은 육이요 영으로 난 것은 영이니

2) 구원은 "성령의 침례(뱁티즘)"으로 성취된다.(고전 12:13)

고린도전서 12:13

우리가 유대인이나 헬라인이나 종이나 자유인이나 다 한 성령으로 ________를 받아 한 몸이 되었고 또 다 한 성령을 마시게 하셨느니라

3) 구원은 성령의 인치심으로 보장된다.(엡 1:13)

에베소서 1:13

그 안에서 너희도 진리의 말씀 곧 너희의 구원의 복음을 듣고 그 안에서 또한 믿어 약속의 성령으로 ________을 받았으니

4) 구원은 성령의 영원한 내주하심으로 보존된다.(요 14:16-17)

요한복음 14:16-17

16내가 아버지께 구하겠으니 그가 또 다른 보혜사를 너희에게 주사
영원토록 너희와 함께 있게 하리니 17그는 진리의 영이라 세상은 능
히 그를 받지 못하나니 이는 그를 보지도 못하고 알지도 못함이라 그
러나 너희는 그를 아나니 그는 너희와 ________ 거하심이요 또 너희
에 계시겠음이라

Ⅳ. 구원의 안전의 근거 – 견인의 믿음

이런 구원의 안전에 대한 확신은 진정한 믿음 즉, 끝까지 견디는 믿음을 전제로 하고 있다. 지적 동의나 입술의 고백만 있는 표면적 신앙이 보장의 근거가 될 수는 없는 것이다.

마태복음 24:13

그러나 ____________ 견디는 자는 구원을 얻으리라

히브리서 10:39

우리는 뒤로 물러가 멸망할 자가 아니요 오직 영혼을 __________ 에 이르는 믿음을 가진 자니라

〈 암송 요절 〉

너희는 말세에 나타내기로 예비하신 구원을 얻기 위하여 믿음으로 말미암아 하나님의 능력으로 보호하심을 받았느니라 (베드로전서 1:5)

과제

이 장의 내용 중에서 "신자의 영원한 안전의 교리"의 내용을 150자 이내 다섯 줄 정도로 요약해 보십시오.

제 4 장

우리는
“영혼의 개인적 자율성”과
“신자의 제사장직”을
믿습니다

제 4 장

우리는 "영혼의 개인적 자율성"과 "신자의 제사장직"을 믿습니다

수년 전 탁월한 미국 남침례교 신학자였던 멀린스(E.Y. Mullins)에게 "침례교 신앙의 독특성이 무엇이냐?"고 물었을 때, 그는 서슴치 않고 "종교에 있어서의 영혼의 자율적 능력"(The competence of the soul in religion)이라고 대답하였다.

침례교 이상에서는 "인간의 능력"을 다음과 같이 서술한다.

"인간이 하나님 형상대로 창조되었기 때문에 각 사람은 자신의 도덕 및 종교적 결정에 대한 책임을 지게 된다. 인간은 성령의 인도하심을 받아 그리스도의 복음 안에서 하나님의 부르심에 자신이 호응할 수 있으며 하나님과 더불어 교제하며 주님의 은혜와 지식으로 성장할 수 있는 능력을 갖고 있다. 이 같은 개인의 능력으로 인하여 인간은 진리를 찾고 진리를 찾은 후 그 진리를 따라 행하며 다른 사람들과 이 진리를 나누어 가질 책임을 갖게 된다... 각 사람은 하나님 앞에서 도덕적 및 종교적 결정을 내릴 수 있는 능력을 가지고 있으며 도덕적 및 종교적 의무의 모든 문제에 있어서 하나님께 책임을 지게 된다."
(침례교 이상Ⅱ. 개인 2. 인간의 능력)

Ⅰ. 영혼의 개인적 자율성에 대한 교리적 근거

1. 인간은 "하나님의 형상"(Imago Dei)을 따라 지음받은 존재이다.(창 1:26, 롬 1:18-23)

창세기 1:26

하나님이 이르시되 우리의 ________을 따라 우리의 ________대로 우리가 사람을 만들고 그들로 바다의 물고기와 하늘의 새와 가축과 온 땅과 땅에 기는 모든 것을 다스리게 하자 하시고

로마서 1:18-23

18하나님의 진노가 불의로 진리를 막는 사람들의 모든 경건하지 않음
과 불의에 대하여 하늘로부터 나타나나니 19이는 하나님을 알 만한 것
이 그들 속에 보임이라 하나님께서 이를 그들에게 보이셨느니라 20창
세로부터 그의 보이지 아니하는 것들 곧 그의 영원하신 ________
________과 ________이 그가 만드신 만물에 분명히 보여 알려졌나
니 그러므로 그들이 핑계하지 못할지니라 21하나님을 알되 하나님을
영화롭게도 아니하며 감사하지도 아니하고 오히려 그 생각이 허망하
여지며 미련한 마음이 어두워졌나니 22스스로 지혜 있다 하나 어리석
게 되어 23썩어지지 아니하는 하나님의 영광을 썩어질 사람과 새와 짐
승과 기어다니는 동물 모양의 우상으로 바꾸었느니라

2. 인간은 그리스도의 속죄 사역을 기초로 거듭날 수 있고 변화된 삶을 살 수 있다.(롬 8:28-29, 벧전 1:3)

로마서 8:28-29

[28]우리가 알거니와 하나님을 사랑하는 자 곧 그의 뜻대로 ________을
입은 자들에게는 모든 것이 합력하여 선을 이루느니라 [29]하나님이 미
리 아신 자들을 또한 그 아들의 형상을 본받게 하기 위하여 미리 정하
셨으니 이는 그로 많은 형제 중에서 맏아들이 되게 하려 하심이니라

베드로전서 1:3

우리 주 예수 그리스도의 아버지 하나님을 찬송하리로다 그의 많으신 긍휼대로 예수 그리스도를 죽은 자 가운데서 부활하게 하심으로 말미암아 우리를 ________하사 산 소망이 있게 하시며

3. 성도에게는 성령님이 내주하시고 인도하신다.(롬 8:9, 14)

로마서 8:9

만일 너희 속에 하나님의 영이 거하시면 너희가 육신에 있지 아니하고 영에 있나니 누구든지 그리스도의______이 없으면 그리스도의 사람이 아니라

로마서 8:14

무릇 하나님의______으로 인도함을 받는 사람은 곧 하나님의 아들이라

Ⅱ. 영혼의 개인적 자율성 교리의 적용

1. 죄인의 구원에 있어서의 개인의 책임 있는 응답의 중요성

1) 회개(행 2:38)

사도행전 2:38

베드로가 이르되 너희가 ______하여 각각 예수 그리스도의 이름으로 ______를 받고 죄 사함을 받으라 그리하면 성령의 선물을 받으리니

2) 믿음(행 16:31)

사도행전 16:31

이르되 주 예수를 ______ 그리하면 너와 네 집이 구원을 받으리라 하고

2. 기도생활에 있어서의 개인적 특권

1) 기도의 삶에의 초청(히 4:16)

히브리서 4:16

그러므로 우리는 긍휼하심을 받고 때를 따라 돕는 은혜를 얻기 위하여 은혜의 보좌 앞에 담대히______것이니라

2) 치유의 특권(약 5:16)

야고보서 5:16

그러므로 너희 죄를 서로 고백하며 병이 낫기를 위하여 서로 __________하라 의인의 간구는 역사하는 힘이 큼이니라

3. 성경 해석에 있어서의 개인적 자율성

1) 약속(요 14:26)

요한복음 14:26

보혜사 곧 아버지께서 내 이름으로 보내실 성령 그가 너희에게 모든 것을 __________ 내가 너희에게 말한 모든 것을 생각나게 하리라

2) 특권과 책임(요일 2:27)

요한일서 2:27

너희는 주께 받은바 ______________이 너희 안에 거하나니 아무도 너희를 가르칠 필요가 없고 오직 그의______________이 모든 것을 너희에게 가르치며 또 참되고 거짓이 없으니 너희를 가르치신 그대로 주 안에 거하라

4. 교회생활의 평등한 권리

1) 직분의 차이(롬 12:4)

로마서 12:4

우리가 한 몸에 많은 __________를 가졌으나 모든 __________가 같은 기능을 가진 것이 아니니

2) 지체의 원리(롬 12:5)

로마서 12:5

이와 같이 우리 많은 사람이 그리스도 안에서 한__________이 되어 서로 지체가 되었느니라

5. 하나님 앞에서의 개인의 도덕적 책임

1) 도덕적 자유(갈 5:1)

갈라디아서 5:1

그리스도께서 우리를 자유롭게 하려고 자유를 주셨으니 그러므로 굳건하게 서서 다시는 ________의 멍에를 메지 말라

2) 도덕적 책임(갈 5:13)

갈라디아서 5:13

형제들아 너희가 자유를 위하여 부르심을 입었으나 그러나 그 자유로 육체의 기회를 삼지 말고 오직 사랑으로 서로_______노릇하라

Ⅲ. 모든 신자의 제사장직

1517년 10월31일 유명한 개혁자 마르틴 루터의 95개조 선언문이 비텐베르크 교회에서 발표된 후 세계교회를 흔들어 깨우며 시작된 개혁운동의 중대한 이슈 중 하나가 소위 '만인 제사장'설이었다. "그리스도인은 누구나 예수 그리스도를 믿음으로 말미암아 하나님께 직접 나아갈 수 있다. 인간이 하나님과 교통하고 죄사함 받는 일에 신부의 중재는 필요하지 않으며 죄의 참된 용서는 오직 예수 그리스도를 믿음으로 말미암아서만 이루어진다. 모든 그리스도인은 예외 없이 다 제사장이다." (M. Luther)

영혼의 개인적 자율성 교리의 하나님과의 관계에 대한 적용이 바로 만인 제사장직이라 할 수 있다. 침례교 신학자 멀린스(E. Y. Mullins)는 "개개인의 영혼이 하나님께 직접 나아갈 수 있는 이 특권을 박탈하는 것은 영혼에 대한 포학행위"라고 천명하였다.

1. 만인 제사장이란 무엇인가?

1) 그리스도의 제사장직

① 그의 탄생(마 1:21, 막 10:45)

마태복음 1:21

아들을 낳으리니 이름을 예수라 하라 이는 그가 자기 백성을 그들의 죄에서 ____________ 자이심이라

마가복음 10:45

인자가 온 것은 섬김을 받으려 함이 아니라 도리어 섬기려 하고 자기 목숨을 많은 사람의 ___________로 주려 함이니라

② 그의 침례(민 4:2-3, 레 8:6)

민수기 4:2-3

2레위 자손 중에서 고핫 자손을 그들의 종족과 조상의 가문에 따라 집

계할지니 3곧 _________세 이상으로 오십 세까지 회막의 일을 하기 위

하여 그 역사에 참가할 만한 모든 자를 계수하라

레위기 8:6

모세가 아론과 그의 아들들을 데려다가 물로 그들을 씻기고

③ 그의 죽으심(히 9:14)

히브리서 9:14

하물며 영원하신 성령으로 말미암아 흠 없는 자기를 하나님께 드린 그리스도의 피가 어찌 너희 양심을 죽은 행실에서 깨끗하게 하고 살아 계신 하나님을 섬기게 하지 못하겠느냐

④ 그의 부활 (히 7:24-25)

히브리서 7:24-25

24예수는 영원히 계시므로 그 ________ 직분도 갈리지 아니하느니라
25그러므로 자기를 힘입어 하나님께 나아가는 자들을 온전히 구원하실
수 있으니 이는 그가 항상 살아 계셔서 그들을 위하여 간구하심이라

2) 모든 그리스도인들의 제사장직

제사장의 직무	성도의 제사장직	적용
하나님과 제일 가까이 있을 수 있는 사람	하나님게 나아감	
하나님께 제물을 드리는 사람	하나님께 제물을 드림	
사람들을 하나님께로 인도하는 자	사람들을 하나님께로 인도함	
하나님의 백성을 대표하고 대리하는 사람	스스로 문제를 해결함	

만인 제사장직 교리를 믿는다는 사람들과 교회들은 많지만 그것을 실천하는 교회는 그리 많지 않다. 만일 이 원리를 제대로 잘 적용한다면 우리의 교회생활에는 어떤 변화가 있을까?

2. 만인 제사장직의 원리를 적용할 때의 주의점

만인 제사장직에 대한 진리를 믿는다면서 실제로는 그렇게 행하지 않는 경우도 많지만, 동시에 만인 제사장직을 극단적으로 적용하는 경우도 없지

않다. 만인 제사장직의 원리를 적용할 때 주의해야 할 점은 무엇일까?

1) 성직자 ______________________의 미신을 버려야 한다.

2) 만인 제사장직의 적용은 영적지도자의 ____________________를 과소평가하 지 않는다.

3) 자신의 제사장직의 ______________________을 포기하지 말아야 한다.

4) 제사장으로서의 ________________있는 삶을 살아야 한다.

이제 지금까지 배운 시항을 정리하면서, 그리스도인이 개인적 자율성을 가진 존재라는 점이 만인 제사장 교리와 어떤 관련성을 가지고 있는지 생각해 보자.

결론

신학자 멀린스 (E.Y.Mullins)는 "만인 제사장직은 영혼의 자율적 능력의 교리는 하나님께 대한 표현이며, 교회의 민주적 특성은 이 교리에 기초하여 개인의 신앙적 삶이 교회에 대하여 적용된 결과이다. 어떤 인간적 사제도 한 개인의 영혼과 하나님 사이에 중보자됨을 주장할 수 없는 이유는 영혼의 자율적 능력이 모든 신자에게 주어진 보편적인 것이기 때문이다."

〈 암송 요절 〉

그러므로 형제들아 우리가 예수의 피를 힘입어 성소에 들어갈 담력을 얻었나니 (히브리서 10:19)

그러나 너희는 택하신 족속이요 왕 같은 제사장들이요 거룩한 나라요 그의 소유가 된 백성이니 이는 너희를 어두운데서 불러내어 그의 기이한 빛에 들어가게 하신 이의 아름다운 덕을 선포하게 하려 하심이라 (베드로전서 2:9)

과제

본과의 내용을 공부하며 성서가 증언한 "영혼의 개인적 자율성"과 "만인 제사장직의 교리"의 내용이 무엇인지를 200자 이내 일곱 줄 정도로 요약하고, 이 교리의 이해가 나 자신의 신앙생활과 교회생활에 미칠 수 있는 영향을 약술하십시오.

제 5 장

우리는 **"두 개의 교회의식"**을 믿습니다

제 5 장

우리는 "두 개의 교회의식"을 믿습니다

로마 카톨릭 교회에서는 일곱 가지의 성례전(Sacraments)을 지키고 있으나 역사적으로 전통적으로 복음주의적 교회들과 침례교회는 성서에 나타난 두 가지 의식으로 ① 침례(Baptism)와 ②주의 만찬(Lord's Supper)을 지켜왔다.

왜 두 가지 뿐인가? 의식의 타당성을 결정하기 위해 복음적인 그리스도인들은 다음과 같은 세 가지 질문을 물어왔다.

① 예수님이 이 의식을 지키도록 명하셨는가?
② 신약교회가 이 의식을 실천하는 모본을 보였는가?
③ 이 의식이 상징하는 의미가 오늘의 성도들에게 참된 교훈이 되고 있는가?

우리는 이 세 질문에 합당한 의식은 침례와 주의 만찬밖에는 없다고 생각한다.(예: 카톨릭에서는 혼배성사를 거행하나, 주께서 이 의식을 명한 일이 있는가?)

침례교인들은 이 두 가지 의식을 명명함에 있어서 성례전(Sacra-ments)이라는 단어보다는 의식(Ordinances)이라는 표현을 선호하였다. 그 이유는 이 의식 자체가 하나님의 은혜를 전달하는 수단인 것처럼, 심지어는 구원의 방편처럼 과거에 오해되어온 종교적인 미신을 피하기를 원하였기 때문이다. 그러나 침례교인들은 이 두 가지 의식에 자발적으로 참여함으로 지역교회의 온전한 일원이 된다고 믿어 왔다.

Ⅰ. 신자의 침례

침례에 의하여 성도들은 그가 은혜로 구원받아 그리스도인이 되었음을 고백하고 동시에 지역교회의 한 지체가 된다.

성서는 " ________________ 의 침례"(Believer's baptism)만을 가르치고 있다. 침례의식에 의하여 신자가 된다든지, 신앙을 갖게 될 희망과 노력을 전제로 한 침례의 모본은 성경에는 없다.

이런 이유 때문에 침례교회에서는 유아세례(유아침례)를 베풀지 않는다. 유아가 구원받는 것이 하나님의 뜻이라면 하나님은 침례 곧 "뱁티즘"(Baptism)이라는 의식에 의존하지 않고도 구원하실 것이라고 믿는다. 성경이 보여주는 침례는 언제나 신앙을 갖게 된 사람들이 신앙의 고백을 위하여 참여한 "신자의 침례"였다

(예 : 행 2:40-41, 8:12, 18:8, 19:4-5).

1. 침례의 어원적 연구

1) 낱말의 뜻

명사 – Baptisma 혹은 Baptismos

동사 – Baptizo 혹은 Bapto

① 침수시키다(to immerse), 물속에 담그다(to dip into)

② 씻어 정결케 한다(to purify by washing)

주의 : "뿌린다"(sprinkle)는 뜻은 일체 없다.

다음 구절을 주의 깊게 살펴보고 관찰한 것을 써 보십시오.

마 3:6,16	
요 3:23	
행 8:26-39	

마태복음 3:6, 16

[6] 자기들의 죄를 자복하고 요단강에서 그에게 침례를 받더니

[16]예수께서 침례를 받으시고 곧 물에서 올라오실새 하늘이 열리고 하나
님의 성령이 비둘기 같이 내려 자기 위에 임하심을 보시더니

요한복음 3:23

요한도 살렘 가까운 애논에서 침례를 베푸니 거기 물이 많음이라 그러므로 사람들이 와서 침례를 받더라

사도행전 8:26-39

[26]주의 사자가 빌립에게 말하여 이르되 일어나서 남쪽으로 향하여 예
루살렘에서 가사로 내려가는 길까지 가라 하니 그 길은 광야라 [27]일어
나 가서 보니 에디오피아 사람 곧 에디오피아 여왕 간다게의 모든 국
고를 맡은 관리인 내시가 예배하러 예루살렘에 왔다가 [28]돌아가는데
수레를 타고 선지자 이사야의 글을 읽더라 [29]성령이 빌립더러 이르시
되 이 수레로 가까이 나아가라 하시거늘 [30]빌립이 달려가서 선지자 이
사야의 글 읽는 것을 듣고 말하되 읽는 것을 깨닫느냐 [31]대답하되 지도
해 주는 사람이 없으니 어찌 깨달을 수 있느냐 하고 빌립을 청하여 수
레에 올라 같이 앉으라 하니라 [32]읽는 성경 구절은 이것이니 일렀으되

그가 도살자에게로 가는 양과 같이 끌려갔고 털 깎는 자 앞에 있는 어
린 양이 조용함과 같이 그의 입을 열지 아니하였도다 33그가 굴욕을 당
했을 때 공정한 재판도 받지 못하였으니 누가 그의 세대를 말하리요
그의 생명이 땅에서 빼앗김이로다 하였거늘 34그 내시가 빌립에게 말
하되 청컨대 내가 묻노니 선지자가 이 말한 것이 누구를 가리킴이냐
자기를 가리킴이냐 타인을 가리킴이냐 35빌립이 입을 열어 이 글에서
시작하여 예수를 가르쳐 복음을 전하니 36길 가다가 물 있는 곳에 이르
러 그 내시가 말하되 보라 물이 있으니 내가 침례를 받음에 무슨 거리
낌이 있느냐 37(없음) 38이에 명하여 수레를 멈추고 빌립과 내시가 둘
다 물에 내려가 빌립이 침례를 베풀고 39둘이 물에서 올라올새 주의 영
이 빌립을 이끌어간지라 내시는 기쁘게 길을 가므로 그를 다시 보지
못하니라

2) 고전 작가들의 사용

아리스토텔레스(Aristotle), 요세푸스(Josephus)

3) 초대 교부들의 가르침

씨릴(Cyril), 바실(Basil), 크리소스톰(Chrysostom)

2. 침례의 정의(롬 6:3–5)

로마서 6:3–5

3무릇 그리스도 예수와 합하여 침례를 받은 우리는 그의 죽으심과 합
하여 침례를 받은 줄을 알지 못하느냐 4그러므로 우리가 그의 죽으심

과 합하여 침례를 받음으로 그와 함께 장사되었나니 이는 아버지의 영
광으로 말미암아 그리스도를 죽은 자 가운데서 살리심과 같이 우리로
또한 새 생명 가운데서 행하게 하려 함이라 5만일 우리가 그의 죽으심
과 같은 모양으로 연합한 자가 되었으면 또한 그의 부활과 같은 모양
으로 연합한 자도 되리라

1) 로마서 6:3-5에서 침례가 주는 의미를 세가지 찾아 보십시오.

①

②

③

2) 참고구절(골 2:12, 벧전 3:21)

골로새서 2:12

너희가 침례로 그리스도와 함께 장사되고 또 죽은 자들 가운데서 그를 일으키신 하나님의 역사를 믿음으로 말미암아 그 안에서 함께 일으키심을 받았느니라

베드로전서 3:21

물은 예수 그리스도께서 부활하심으로 말미암아 이제 너희를 구원하는 표니 곧 침례라 이는 육체의 더러운 것을 제하여 버림이 아니요 하나님을 향한 선한 양심의 간구니라

"침례"란 죄인들이 자기들의 죄문제를 해결하기 위하여 십자가에서 죽으시고 장사지낸바 되시고 사흘만에 부활하신 그리스도를 믿음으로 그에게 되어 그가 죄사함받고 구원받아 새 사람이 된 것을 ____________하는 거룩한 의식이다. 침례의 가장 중요한 의의는 그리스도의 사건에의 동일시(Identification)혹은 연합(Union)에 있다.

3. 침례의 올바른 형식

왜 침수례(Baptism by immersion)만이 합당한 형식인가?

1) 침례("Baptism")의 어원이 일차적으로 ______________을 뜻한다.

2) "침례준다"는 동사와 함께 사용된______________들(into, out of, in)이 모두 침례의식을 지지한다.

3) 기독교적 침례 이전의 유대인의 개종식(Proselyte baptism)도 침수례였다.

4) 침례만이 그리스도와의 죽음, 장사지내심, 부활사건과의 연합을 올바로 표현한다.

5) 신약성서와 초대교회에서 준행된 성례의 보편적 형태는 침례였고, 세례는 병든 자를 위한 예외적 의식으로 나중에 등장하기 시작하였다.

〈주의〉

2세기에 병든 사람들을 위한 소위 병상세례(Clinical baptism)이 시행되었다. 초대교회 문서에는 AD 200-257에 키프리언(Cyprian)이 특수한 경우 부음 곧 "Pouring"에 의한 Baptism을 실행한 것으로 기록되었으나(Didache 참조) 일반적으로 세례는 12세기까지는 용납되어지지 않았다.

4. 침례의 성서적 목적

1) 중생한 성도의 ______________으로서

2) 주님의 명령에 대한 ________________으로서

3) 예수 그리스도와 사도들의 ____________을 따라

4) '하나님의 ____________'를 이루기 위해

5) 몸의 부활에 대한 소망을 나타내기 위해

결론

침례교회는 "두 번의 침례"(Ana-baptism)를 가르치지 않는다. 단 형식에 있어서 두 번 받게 되는 경우는 전자의 형식이 나에게 무의미하였거나(예: 구원의 믿음을 갖기 전에 침례/세례(Baptism)에 참여한 경우) 구원의 고백을 나타냄에 있어서 뱁티즘(Baptism)의 방법이 불완전(Incomplete)하였고 성서적이지 못하였기 때문이다. 물과 성령으로 거듭난 크리스챤은 성경에서 주께서 명하신 교훈대로 성경적 방법에 의하여 침례를 받아야 한다.

Ⅱ. 기념적 주의 만찬

침례가 신자와 예수 그리스도의 유일회적인 영원한 연합(Once for all)을 상징하는 것이라면, 주의 만찬은 구원받은 신자의 예수 그리스도와의 계속적인 교제를 상징하는 것이다. 침례가 단 한번 받음으로 신앙의 출발을 상징함(The Initiatory Ordinance)에 반하여 주의 만찬은 지속적이요 반복적인 것으로 신앙의 지속적 성숙과 영원한 계속(The Repeated Ordiance)을 상징한다.

1. 주의 만찬에 대한 여러 가지 설명

1) 화체설 (Transubstantiation : 化體說)

2) 공재설 (Consubstantiation : 共在說)

3) 영적 임재설

4) 기념설

위의 4가지 설명 중 우리는 ___________번 견해를 받아들인다.

2. 주의 만찬의 세 시선(고전 11:23-30)

1) 과거 지향적(Retrospective) : 주의 ______________(26절)을 기억

2) 현재 – 내면 지향적(Introspective) : ___________(28절)의 상태를 성찰

3) 미래 지향적(Prospective) : 주님의 ___________________(26절)을 대망

고린도전서 11:23-30

[23]내가 너희에게 전한 것은 주께 받은 것이니 곧 주 예수께서 잡히시던
밤에 떡을 가지사 [24]축사하시고 떼어 이르시되 이것은 너희를 위하는
내 몸이니 이것을 행하여 나를 기념하라 하시고 [25]식후에 또한 그와 같
이 잔을 가지시고 이르시되 이 잔은 내 피로 세운 새 언약이니 이것을
행하여 마실 때마다 나를 기념하라 하셨으니 [26]너희가 이 떡을 먹으며
이 잔을 마실 때마다 주의 죽으심을 그가 오실 때까지 전하는 것이니
라 [27]그러므로 누구든지 주의 떡이나 잔을 합당하지 않게 먹고 마시는
자는 주의 몸과 피에 대하여 죄를 짓는 것이니라 [28]사람이 자기를 살피
고 그 후에야 이 떡을 먹고 이 잔을 마실지니 [29]주의 몸을 분별하지 못
하고 먹고 마시는 자는 자기의 죄를 먹고 마시는 것이니라 [30]그러므로
너희 중에 약한 자와 병든 자가 많고 잠자는 자도 적지 아니하니

3. 만찬의 준비

1) 믿음

2) 명령에 대한 순종

3) 회개와 고백

① 자신과 주님의 관계를 성찰.

② 자신과 이웃의 관계를 성찰.

4) 감사

결론

침례교인의 신앙과 메시지는 이렇게 기록하고 있다. "주의 만찬은 상징적인 순종의 행위로써 교회 회원들은 떡을 떼고 포도주를 마시면서 구속주의 죽으심을 기념하며, 그의 재림을 고대한다."

(침례교인의 신앙과 메시지 Ⅶ 침례와 주의 만찬 중에서)

〈암송 요절〉

[19]그러므로 너희는 가서 모든 민족을 제자로 삼아 아버지와 아들과 성
령의 이름으로 침례를 베풀고 [20]내가 너희에게 분부한 모든 것을 가르
쳐 지키게 하라 볼지어다 내가 세상 끝날까지 너희와 항상 함께 있으
리라 하시니라 (마태복음 28:19-20)

너희가 이 떡을 먹으며 이 잔을 마실 때마다 주의 죽으심을 그가 오실 때까지 전하는 것이니라 (고린도전서 11:26)

과제

나의 평소의 "지역 교회관"과 "침례와 주의 만찬"에 대한 이해와 성서의 교훈과의 차이가 무엇인가를 살피고 이 두 가지 의식에 대한 나의 결심과 고백이 있으면 기록해 보십시오.

A SERIES OF
TRAINING
BOOK

제 6 장

우리는
"지역교회의 자치성"과
"교회와 국가의 분리"를
믿습니다

제 6 장

우리는 “지역교회의 자치성”과 “교회와 국가의 분리”를 믿습니다

예수 그리스도를 구주와 주님으로 받아들이고 침례(Baptism)를 통해 신앙을 고백한 자율적 존재로서의 성도들은 자연스럽게 자치적인 지역교회의 한 지체가 된다. 우리는 자율성을 지닌 하나의 공동체를 통한 신앙성숙을 도모하며 하나님을 섬기고 세상을 향하여 복음을 증거하는 일을 우리는 배워야만 한다.

Ⅰ. 지역교회와 지역교회의 자치성

1. 교회란 무엇인가?

교회란 말은 본래 에클레시아 "ekklesia"인데 "…으로 부터" (ek=out of)와 "불러내다"(kaleo=call)는 단어들의 합성어로 예수 그리스도의 복음을 듣고 세상에서 불러냄을 받아 그리스도에게 속한 무리들의 공동체를 뜻한다.

1) 교회의 본질이 아닌 것들

건물 / 교파 / 의식

2) 교회란 무엇인가?(마 16:13–20, 고전 3:10–11)

① 교회의 참된 기초

마태복음 16:13–20

[13]예수께서 빌립보 가이사랴 지방에 이르러 제자들에게 물어 이르시되
사람들이 인자를 누구라 하느냐 [14]이르되 더러는 침례 요한, 더러는 엘
리야, 어떤 이는 예레미야나 선지자 중의 하나라 하나이다 [15]이르시되
너희는 나를 누구라 하느냐 [16]시몬 베드로가 대답하여 이르되 주는 그
리스도시요 살아 계신 하나님의 아들이시니이다 [17]예수께서 대답하여
이르시되 바요나 시몬아 네가 복이 있도다 이를 네게 알게 한 이는 혈

육이 아니요 하늘에 계신 내 아버지시니라 [18]또 내가 네게 이르노니 너
는 베드로라 내가 이 반석 위에 내 교회를 세우리니 음부의 권세가 이
기지 못하리라 [19]내가 천국 열쇠를 네게 주리니 네가 땅에서 무엇이든
지 매면 하늘에서도 매일 것이요 네가 땅에서 무엇이든지 풀면 하늘에
서도 풀리리라 하시고 [20]이에 제자들에게 경고하사 자기가 그리스도인
것을 아무에게도 이르지 말라 하시니라

* 16절에 나타난 예수 그리스도에 대한 ________이 교회의 기초이다.

고린도전서 3:10-11

[10]내게 주신 하나님의 은혜를 따라 내가 지혜로운 건축자와 같이 터를
닦아 두매 다른 이가 그 위에 세우나 그러나 각각 어떻게 그 위에 세울
까를 조심할지니라 [11]이 닦아 둔 것 외에 능히 다른 터를 닦아 둘 자가
없으니 이 터는 곧 예수 그리스도라

* 터(기초, foundation)는 곧 __________이시다.

② 교회의 두 가지 유형

ⓐ 우주적 교회	__________교회(불가시적) ∣ 승리적 교회
ⓑ 지역 교회	__________교회(가시적) ∣ 전투적 교회

③ 지역교회 중요성

- 성경에는 지역 교회가 우주적 교회라는 말보다 네 배나 더 언급되어 있다.

- ___________훈련의 장이다.

- 성도들의 신앙 성숙의 요람이다.

- 선교와 구제의 _____________이다.

- 지상에서의 하나님의 사역의 유일한 중심기관이다.

2. 지역교회의 자율성

영혼의 개인적 자율성을 지닌 우리가 모여 이룬 지역교회도 _____________존재이다.

또한 그리스도의 몸인 교회들은 머리되신 주님 앞에서 서로 _____________하다.

1) 지역교회의 회중정치의 이상과 실현을 위한 노력

2) 초대교회의 자율성의 모본(행 15:1–11)

사도행전 15:1-11

1어떤 사람들이 유대로부터 내려와서 형제들을 가르치되 너희가 모세
의 법대로 할례를 받지 아니하면 능히 구원을 받지 못하리라 하니 2바
울 및 바나바와 그들 사이에 적지 아니한 다툼과 변론이 일어난지라
형제들이 이 문제에 대하여 바울과 바나바와 및 그 중의 몇 사람을 예
루살렘에 있는 사도와 장로들에게 보내기로 작정하니라 3그들이 교회
의 전송을 받고 베니게와 사마리아로 다니며 이방인들이 주께 돌아온
일을 말하여 형제들을 다 크게 기쁘게 하더라 4예루살렘에 이르러 교
회와 사도와 장로들에게 영접을 받고 하나님이 자기들과 함께 계셔 행
하신 모든 일을 말하매 5바리새파 중에 어떤 믿는 사람들이 일어나 말
하되 이방인에게 할례를 행하고 모세의 율법을 지키라 명하는 것이 마
땅하다 하니라 6사도와 장로들이 이 일을 의논하러 모여 7많은 변론이
있은 후에 베드로가 일어나 말하되 형제들아 너희도 알거니와 하나님
이 이방인들로 내 입에서 복음의 말씀을 들어 믿게 하시려고 오래 전
부터 너희 가운데서 나를 택하시고 8또 마음을 아시는 하나님이 우리
에게와 같이 그들에게도 성령을 주어 증언하시고 9믿음으로 그들의 마
음을 깨끗이 하사 그들이나 우리나 차별하지 아니하셨느니라 10그런데
지금 너희가 어찌하여 하나님을 시험하여 우리 조상과 우리도 능히 메
지 못하던 멍에를 제자들의 목에 두려느냐 11그러나 우리는 그들이 우
리와 동일하게 주 예수의 은혜로 구원 받는 줄을 믿노라 하니라

* 위 본문에 나타난 모교회 예루살렘 교회와 그 후에 세워진 교회들과의 관계를 생각해 보자.

3. 자율성과 협동 사역 (Cooperative Mission)

초대교회의 협력의 모본(롬 15:25-29)

로마서 15:25-29

[25]그러나 이제는 내가 성도를 섬기는 일로 예루살렘에 가노니 [26]이는
마게도냐와 아가야 사람들이 예루살렘 성도 중 가난한 자들을 위하여
기쁘게 얼마를 연보하였음이라 [27]저희가 기뻐서 하였거니와 또한 저희
는 그들에게 빚진 자니 만일 이방인들이 그들의 영적인 것을 나눠 가
졌으면 육적인 것으로 그들을 섬기는 것이 마땅하니라 [28]그러므로 내
가 이 일을 마치고 이 열매를 그들에게 확증한 후에 너희에게 들렀다
가 서바나로 가리라 [29]내가 너희에게 나아갈 때에 그리스도의 충만한
복을 가지고 갈 줄을 아노라

– 자세한 내용은 마지막 장에서 자세히 살펴 볼 것이다.

Ⅱ. 국가와 교회의 분리

미국 헌법과 한국의 헌법 그리고 대부분의 민주주의 국가의 법에는 종교와 국가의 분리를 규정하고 있다. 이것은 본래 성경에 나타난 그리스도인의 세계관의 한 영역에서 증언되고 있는 진리이다. 이는 또한 17세기 초엽 미합중국 창설 당시 탁월한 침례교 지도자였던 로저 윌리암스(Roger Williams)가 로드 아일랜드(Rhode Islands)주의 헌법에 반영되도록 주장한 결과였으며 이것이 마침내 후일 미국 헌법과 많은 서구 민주주의 국가들의 기초가 된 것이다. 그러면 성경을 믿는 복음적 그리스도인들의 국가관은 어떠해야만 하겠는가? 교회와 정치의 분리의 신학적, 성서적 근거는 무엇이며 그 실제적 의미는 무엇인가?

1. 두 가지 극단

1) 국가 지상주의(국가가 교회를 지배해야 한다)

2) 교회 지상주의(교회가 국가를 다스려야 한다)

2. 하나님의 소명의 이원성(二元性)

* 루터의 두 왕국설

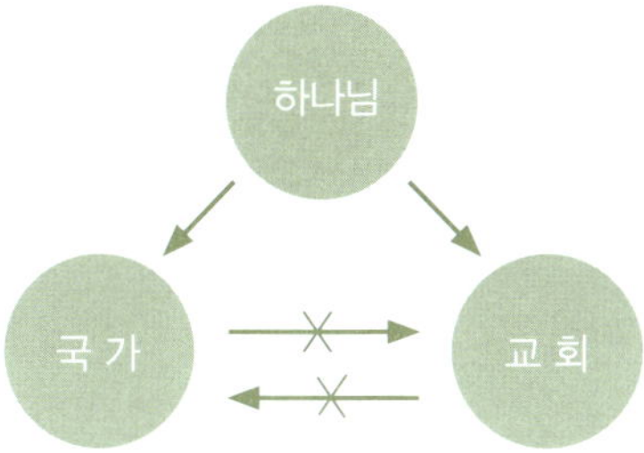

* 하나님은 국가의 지도자를 세우시되 국가를 통하여 ______________ 의 지도자를 세우시지 않는다.

* 하나님은 교회의 지도자를 세우시되 교회를 통하여 ______________ 의 지도자를 세우시지 않는다.

3. 국가의 제한된 성질

1) 국가는 신으로부터 제한된 권리를 위임받았다.

2) 국가는 ________________ 된 범주 안에서만 권리를 사용해야 한다.

3) 국가가 개인, 가정과 교회를 위해 존재하는 것이지 국가를 위해 개인, 가정과 교회가 존재하는 것이 아니다.

4. "국교의 악"과 민족 복음화의 참된 의미

1) 신약 성서는 국교제도의 가능성을 시사하지 않는다.

① 국교는 신앙의 ____________를 억압할 수 있다.

② 국교는 신앙표현의 ________________을 위축시킨다.

③ 국교는 국가의 악이나 종교의 악을 쉽게 표출할 수 있다.

2) 민족은 복음화되어야 한다.

① 민족복음화는 민족 구성원 모두에게 복음을 들을 수 있는 ______ 가 제공되어야 하는 것을 뜻한다.

② 참된 전도는 개인적 응답의 자유가 ________________된 상황에서만 진실한 증거를 전달할 수가 있음을 의미한다.

5. 교회와 국가의 분리에 대한 오해와 난제

1) 유기체적 관련을 가진 현대 사회 안에서 국가와 종교의 분리가 어디까지 가능할 수 있는가?

2) 교회와 국가의 분리의 원칙은 그리스도인들의 정치 사회적 책임을 나태하게 하지는 않는가?

3) 교회와 국가의 분리의 원칙은 독재국가나 반대로 무정부주의적 사회에로의 가능성을 지원할 수 있지 않은가?

6. 그리스도인의 국가에 대한 바른 성서적 태도(롬 13:1–3)

1) 국가와 국가에 위임된 권세를 ____________________해야 한다.

> 로마서 13:1–3
>
> 1각 사람은 위에 있는 권세들에게 복종하라 권세는 하나님으로부터 나
> 지 않음이 없나니 모든 권세는 다 하나님께서 정하신 바라 2그러므로
> 권세를 거스르는 자는 하나님의 명을 거스름이니 거스르는 자들은 심
> 판을 자취하리라 3다스리는 자들은 선한 일에 대하여 두려움이 되지 않
> 고 악한 일에 대하여 되나니 네가 권세를 두려워하지 아니하려느냐 선
> 을 행하라 그리하면 그에게 칭찬을 받으리라

2) 그리스도인은 국가의 좋은 국민과 시민이 되어야 한다.

3) 그리스도인은 국가 지도자를 존경하고 순복하며 협력해야 한다.

4) 그리스도인은 국가 지도자를 위해 __________________해야 한다.

5) 그리스도인은 특히 납세의 __________________를 다해야 한다.

6) 그리스도인은 불의한 국가 권력행사에 대하여 ______________의 권리(rights of civil disobedience)와 예언적 책임을 행사할 수

있다. (권력자가 명백하게 선의 도구가 아닌 악의 도구가 될 경우에 한정한다.)

7) 그리스도인은 민족 ________________의 책임을 다해야 한다.

결론

"교회와 국가는 둘 다 하나님으로 말미암아 제정되었으며 하나님께 책임을 지게 된다. 이들은 각기 다른 특징을 갖고 있다. 따라서 각기 하나님께서 부여한 목적을 가지고 있으면서도 어느 것도 상대방의 권리를 침해할 수가 없다. 교회와 국가는 서로 분리되어 있지만 동시에 함께 하나님 아래 있으므로 상호 적절한 관계를 유지해야 한다."

(침례교인의 이상 Ⅳ 교회, 교회와 국가의 관계 중에서)

〈 암송 요절 〉

또 내가 네게 이르노니 너는 베드로라 내가 이 반석 위에 내 교회를 세우리니 음부의 권세가 이기지 못하리라 (마태복음 16:18)

A SERIES OF TRAINING BOOK

제 7 장

우리는
"선교의 우선순위"와
"협동선교의 중요성"을
믿습니다

제 7 장

우리는 "선교의 우선순위"와 "협동선교의 중요성"을 믿습니다

침례교회는 처음부터 선교적이었다. 특수 침례교회(Particular Baptist)는 이미 1792년에 외국 선교협회를 조직하여 현대 선교운동의 아버지라고 불리는 윌리암 케리 (William Carey)를 1793년에 최초의 선교사로 인도에 파송하였고, 일반 침례교회(General Baptist)에서도 1816년에 외국 선교협회를 조직하였다. 1845년에 시작된 미국 남침례교회 총회는 처음부터 선교를 위한 협동체로서 출발하였다. 이 역사적 총회에서 채택된 헌장에 의하면 "구세주의 왕국의 목적과 관련된 국내외 선교를 증진시킴이 이 총회의 의도"(Constitution Article Ⅱ, SBC Annual, 1845)라고 밝히고 있다. 침례교인들은 "선교하는 백성들"(Missionary people)이며, 침례교회는 "선교하는 교회"(Missionary church)이다.

Ⅰ. 선교

선교(Mission)라는 낱말의 뜻은 "보낸다"는 의미이다. 일반적으로 선교와 전도라는 단어는 혼용되고 있으나 선교는 예수 그리스도께서 교회에 부여하신 모든 성서적 임무를 총칭하는 개념이다. 복음전도는 선교의 우선 순위적 임무이다.

1. 성서적 근거(요 17:18, 20:21)

요한복음 17:18

아버지께서 나를 세상에 ___________ 것 같이 나도 그들을 세상에 ___________

요한복음 20:21

예수께서 또 이르시되 너희에게 평강이 있을지어다 아버지께서 나를 ___________ 것 같이 나도 너희를 ___________

2. 선교의 2대 영역

1) 복음전도 (Evangelism)(눅 19:10 외)

누가복음 19:10

인자의 온 것은 잃어버린 자를 찾아 ___________ 하려 함이니

마태복음 28:19-20

[19]그러므로 너희는 가서 모든 민족을 ________삼아 아버지와 아들과
성령의 이름으로 침례를 베풀고 [20]내가 너희에게 분부한 모든 것을 가
르쳐 지키게 하라 볼지어다 내가 세상 끝날까지 너희와 항상 함께 있
으리라 하시니라

사도행전 1:8

오직 성령이 너희에게 임하시면 너희가 권능을 받고 예루살렘과 온 유대와 사마리아와 땅 끝까지 이르러 내 증인이 되리라 하시니라

2) 섬김의 사역 (Social Action)(막 10:45 외)

마가복음 10:45

인자가 온 것은 ____________받으려 함이 아니라 도리어 ________하고 자기 목숨을 많은 사람의 대속물로 주려 함이니라

마태복음 22:36-39

[36]선생님 율법 중에서 어느 계명이 크니이까 [37]예수께서 이르시되 네
마음을 다하고 목숨을 다하고 뜻을 다하여 주 너의 하나님을 사랑하라
하셨으니 [38]이것이 크고 첫째 되는 계명이요 [39]둘째도 그와 같으니 네
이웃을 네 자신 같이____________하셨으니

갈라디아서 2:10

다만 우리에게 ____________들을 기억하도록 부탁하였으니 이것은 나도 본래부터 힘써 행하여 왔노라

3. 선교의 우선순위(롬 9:1-3, 10:1)

로마서 9:1-3

[1]내가 그리스도 안에서 참말을 하고 거짓말을 아니하노라 나에게 큰
근심이 있는 것과 [2]마음에 그치지 않는 고통이 있는 것을 내 양심이 성
령 안에서 나와 더불어 증언하노니 [3]나의 형제 곧 골육의 친척을 위하
여 내 자신이 저주를 받아 그리스도에게서 끊어질지라도 원하는 바로
라

로마서 10:1

형제들아 내 마음에 원하는 바와 하나님께 구하는 바는 이스라엘을 위함이니 곧 그들로 __________받게 함이라

Ⅱ. 협동선교

선교는 그리스도인 개인에게 명령된 것일 뿐 아니라, 그리스도인 공동체인 "너희와 우리" 그리고 교회에게 명령된 것이다. 개인의 자원과 역량은 제한된 것이며, 세계선교와 세계복음화의 과제를 위해서는 협동은 절대적인 필요다. 협동(Cooperation)의 정신이나 개념은 결코 침례교 고유의 것은 아니나, 침례교의 상품(Trademark)처럼 인식되어 왔다. 미남침례교 총회와 기독교한국침례회 총회는 "협동하는 침례교인들의 총회"(Convention of Cooperative Baptists)의 정신을 지켜오고 있다.

1. 성서적 근거(고전 3:9, 엡 4:4 외)

고린도전서 3:9
우리는 하나님의 ________ 들이요 너희는 하나님의 밭이요 하나님의 집이니라

• 우리는 다 하나님의 동역자들이다.

에베소서 4:4, 5, 16
4몸이 하나요 성령도 한 분이시니 이와 같이 너희가 부르심의

소망 안에서 부르심을 받았느니라 [5]주도 한 분이시요 믿음도 하나
요 침례도 하나요
[16]그에게서 온 몸이 각 마디를 통하여 도움을 받음으로 연결되고
결합되어 각 지체의 분량대로 역사하여 그 몸을 자라게 하며 사랑
안에서 스스로 세우느니라

2. 협동선교의 자세

1) 자원적(Voluntary)이어야 한다.

2) 개인주의의 극복 (Overcoming Individualism)을 증거하는 모습이어야 한다.

3) 상호신뢰와 신임 (Mutual Trust and Confidence)의 토대위에 이루어져야 한다.

4) 하나님의 비전을 이루고자 하는 목적적(Purposeful) 헌신이어야 한다.

3. 협동 선교의 중요성

"협동선교 프로그램에 의해 나는 갈 수 없는 곳에 갈 수 있고 할 수 없는 일을 할 수 있다."

N. F 그리어 (N.F.Greer)

"하나님은 두 개의 손을 우리에게 주셨는데, 하나는 받기 위한 손이며, 하나는 주는 손이다. 그리스도인은 물을 저장하기 위한 우물이 아니라 물을 흘려 보내기 위한 수로(Channels)와 같은 존재이다."

빌리 그레함 (Billy Graham)

협동 선언문

"1925년 우리들 신앙의 선배들이 상호신뢰에 기초한 청지기적 임무 수행을 위하여 협동 선교 프로그램을 창안하고 이 프로그램에 대한 헌신의 결과로써 침례교단은 일치와 선교, 사역에 있어서 하나님의 은혜를 힘입어 크게 번영할 수 있었다. 이에 우리는 협동선교 프로그램이야말로 그리스도의 주권 아래 미래의 비전을 나타내는 우리 교단의 일치된 특성임을 확인하며 협동선교로 그리스도안에 있는 책임 있는 우리의 공동 생명을 표현하기 위하여 기도와 믿음과 희생을 바치기로 결심한다."

– 미국 남침례교 총회 협동선교 50주년을 기념하여 –

복습문제

우리 교회는 무엇을 믿는가를 다른 사람에게 이야기해 줄 수 있도록 외우십시오. 또는 BAPTIST란 단어의 글자를 이용해서 설명해도 좋습니다.

부록

Great Commandment (위대한 계명)

Great Commission (위대한 사명, 지상명령)

간단한 침례교회사

부록 1

Great Commandment
(위대한 계명)

마태복음 22:36-40

36선생님 율법 중에서 어느 계명이 크니이까 37예수께서 이르시되 네 마음을 다하고 목
숨을 다하고 뜻을 다하여 주 너의 하나님을 사랑하라 하셨으니 38이것이 크고 첫째 되
는 계명이요 39둘째도 그와 같으니 네 이웃을 네 자신 같이 사랑하라 하셨으니 40이 두
계명이 온 율법과 선지자의 강령이니라

마가복음 12:29-32

29예수께서 대답하시되 첫째는 이것이니 이스라엘아 들으라 주 곧 우리 하나님은 유일
한 주시라 30네 마음을 다하고 목숨을 다하고 뜻을 다하고 힘을 다하여 주 너의 하나님
을 사랑하라 하신 것이요 31둘째는 이것이니 네 이웃을 네 자신과 같이 사랑하라 하신
것이라 이보다 더 큰 계명이 없느니라 32서기관이 이르되 선생님이여 옳소이다 하나님
은 한 분이시요 그 외에 다른 이가 없다 하신 말씀이 참이니이다

누가복음 10:27

27대답하여 이르되 네 마음을 다하며 목숨을 다하며 힘을 다하며 뜻을 다하여 주 너의
하나님을 사랑하고 또한 네 이웃을 네 자신 같이 사랑하라 하였나이다

요한복음 13:34-35

34새 계명을 너희에게 주노니 서로 사랑하라 내가 너희를 사랑한 것 같이 너희도 서로
사랑하라 35너희가 서로 사랑하면 이로써 모든 사람이 너희가 내 제자인 줄 알리라

부록 2

Great Commission
(위대한 사명, 지상명령)

마태복음 28:18-20

18예수께서 나아와 말씀하여 이르시되 하늘과 땅의 모든 권세를 내게 주셨으니 19그러므
로 너희는 가서 모든 민족을 제자로 삼아 아버지와 아들과 성령의 이름으로 침례 베풀
고 20내가 너희에게 분부한 모든 것을 가르쳐 지키게 하라 볼지어다 내가 세상 끝날까지
너희와 항상 함께 있으리라 하시니라

마가복음 16:15

15또 이르시되 너희는 온 천하에 다니며 만민에게 복음을 전파하라

누가복음 24:46-49

46또 이르시되 이같이 그리스도가 고난을 받고 제삼일에 죽은 자 가운데서 살아날 것
과 47또 그의 이름으로 죄 사함을 받게 하는 회개가 예루살렘에서 시작하여 모든 족속에
게 전파될 것이 기록되었으니 48너희는 이 모든 일의 증인이라 49볼지어다 내가 내 아버
지께서 약속하신 것을 너희에게 보내리니 너희는 위로부터 능력으로 입혀질 때까지 이
성에 머물라 하시니라

요한복음 20:21

21예수께서 또 이르시되 너희에게 평강이 있을지어다 아버지께서 나를 보내신 것 같이
나도 너희를 보내노라

사도행전 1:8

8오직 성령이 너희에게 임하시면 너희가 권능을 받고 예루살렘과 온 유대와 사마리아
와 땅 끝까지 이르러 내 증인이 되리라 하시니라

부록 3

간단한 침례 교회사 (Brief History of Baptist Church)

* **초대교회 이후** 특히 로마 제국에서 기독교가 국교화된 이후 기독교는 사실상 세속화 되었다. 그러나 이때부터 국가나 혹은 국교의 박해를 받아가며 성서중심의 신앙, 회중적 신앙, 침례의 중요성을 가르치던 "남은 자의 무리"는 종교개혁 때까지 여러 명칭으로 존속하여 왔다.

* **1606** – 영국 런던 케인스보로우에서 비국교도(청교도로서 분리주의자)였던 켐브리지 대학 출신 존 스마이드(John Smyth, 1570–1612)와 그의 교우들은 침례의 중요성과 신약성서적 교회관에 관심을 갖기 시작하였다. 1607년 신앙의 박해를 피해 암스텔담으로 이주하였고, 그들 중의 일부가 1620년 Mayflower 배를 타고 미국으로 가서 필그림 조상들이 되었다.

* **1612** – 화란의 재 침례교도들에게 영향을 받았으나 신앙적 주장과 치리에 있어서 독립적인 최초의 침례교회가 영국 런던(Spitalfield, London)에 세워지게 되었다.(이들은 일반침례교도 General Baptist 라고 불리어졌다.)

* **1638** – "신자의 침례"를 주장하는 칼빈주의적 신앙을 가진 무리들이 교회를 새롭게 조직하는데 이들을 특수침례교도(Particular Baptist)라고 부르게 되었다.

* **1639** – 미국으로 이주한 청교도 중 로져 윌리암스(Roger Williams, 1603–1683)가 침례를 받고 미국 로드아일랜드 주 프로비던스에 최초의 침례교회(Providence First Baptist Church)를 미국 땅에 세웠다.

* **1644** – 영국 내에서 침례교도(Baptists)라는 명칭이 보편적으로 사용되기 시작하였다

(이 명칭은 침례교도들 스스로 사용한 명칭이 아니라 침례의 습관 때문에 외부인들에 의해 주어진 명칭이었다). 그 때에는 이미 영국 내에 약 50개 정도의 침례교회가 조직되어 있었다.

*** 1677** – 이후 침례교인들의 신앙적 표준이 되어온 제2차 런던 신앙고백서(칼빈주의적 교리체계)가 특수 침례교도들(Particular Baptist)에 의해 채택되었다. 이 무렵 영국 침례교회는 유명한 찬송작가 아이작 왓츠(Issac Watts, 1674–1748), 문학가요 전도자인 존 번연(John Bunyan, 1628–1688), 설교가 맥크라렌(Alexander Maclaren, 1825–1910), 찰스 스펄젼(Charles Spurgen, 1834–1892)등을 배출하였다.

*** 1793** – 영국 특수 침례교도들은 선교 연합체를 결성하고 현대선교의 아버지인 윌리암 케리(William Carey, 1761–1834)를 파송하였다.

*** 1814** – 미국 필라델피아 제일 침례교회에서 미주 대륙의 33명의 침례교 지도자가 모여 미주 최초의 침례교회들의 연합체인 General Missionary Convention of the Baptist Denomination in th United States for Foreign Mission을 선교를 목적으로 결성하고 아도니람 져드슨(Adoniram Judson)을 선교사로 파송하였다.

*** 1845** - 죠지아주 Augusta에서 노예문제, 신학문제로 남·북이 분리되어 보수 성서적인 신앙을 표방한 4,100여 교회가 남침례교회 교단을 시작하였다(미 남침례교회는 현재 미국 내에 침례받은 교인들로 구성된 미국 최대의 개신교파가 되었으며, 전세계적으로도 전세계에 가장 많은 선교사를 파송하고 있는 세계 최대의 개신교파가 되었다). 빌리 그래함 (Billy Graham)목사는 남침례교가 배출한 기독교 사상 걸출의 복음전도자이다.

*** 미 남침례교 교단은** A.T 로버트슨(Robertson)을 위시한 여러 뛰어난 석학들과 W.A. 크리스웰(Criswell)같은 설교자를 배출하는 한편, 북침례교는 조직신학자 어거스트 스트롱(August Strong)과 사회복음주의 신학자 월터 라우쉔부쉬(Walter Rauschenbusch), 뛰어난 상황적 설교가 해리 에머슨 포스딕(Harry Emerson Fosdick) 지미카터(Jimmy Carter) 대통령 등을 배출하였다. 내쇼날 침례교 연맹(National Baptist Convention)에 속한 인권운동가 마르틴 루터킹(Martin Luther King Jr.)도 침례교 목사였다.

*** 1889** – 카나다의 독립 선교사인 말콤 펜윅(Malcolm Fenwick, 1863–1935)이 선교사로 내한하였다.

*** 1893–1896** - 3년간 펜윅 선교사가 캐나다와 미국을 방문하며 특히 보스톤 클라렌돈 침례교회(Boston Clarendon Street Baptist Church) 담임목사 아도니란 저드슨 고든(Adoniran Judson Gordon)을 만나 침례교신앙의 복음적 특성에 감화를 받아 보스톤 선교사 훈련학교에서 훈련을 받고 침례교 목사 안수를 받은 후 다시 한국에 귀임하였다.

*** 1895** - 보스톤 클라렌도 침례교회는 펜윅 선교사의 보고를 받고 엘라 씽(Ella thing)기념선교회를 조직하여 에드워즈 폴링(Edward Pauling)부부와 다음해 스테드만 등을 한국 침례교 개척 선교사로 파송하였다. 이들은 강경과 공주를 중심으로 선교하였고 (강경침례교회, 공주 꿈의교회가 개척) 서울과 강경을 오가던 지병석은 첫 침례교인이 되었다.

*** 1896** – 펜윅 선교사는 원산을 중심으로 침례교 교리에 입각한 복음주의적 신앙을 선교하기 시작하였다.

*** 1949** – 남침례교 동양총무인 코오든(Baker J. Couthen)박사의 한국 방문으로 한국침례교(그 이전에는 '동아 기독교회'로 불리어짐)와 남침례교회가 제휴하게 되어 대한 기독교 침례회, 이어서 「한국 침례회 연맹」이라는 이름을 사용하게 되었다.

*** 1950** - 최초의 미 남침례교 선교사 존 애버나티(John Abernathy)부부가 내한하여 선교사역을 시작, 6.25동란중인 한국에 많은 물질적 도움을 베풀었고 1954년 전쟁이 끝난 후 주한 미군 침례교인들은 전쟁참전 기념으로 서울 충무로에 서울 침례교회(Seoul Memorial Baptist Church)를 건립하였다.

*** 1950** - 강경침례교회에서 목회활동을 하던 이종덕 목사는 1950. 9. 28. 북으로 후퇴하던 인민군에게 체포되었으나 교인 김요한 집사를 도피시키고 금강변 갈대밭에서 인민군이 쏜 총에 맞아 순교자가 되었다.

*** 1976** – 1976. 11. 4부터 「기독교 한국침례회」라는 명칭을 공식으로 사용하게 되었다.

● 각 교회의 역사사료 (출석교회의 역사를 기록하십시오.)

○

○

○

○

○

A SERIES OF
TRAINING
BOOK

요단 사역정신

"그러므로 너희는 가서 모든 민족을 제자로 삼아 아버지와 아들과 성령의 이름으로
침(세)례를 베풀고 내가 너희에게 분부한 모든 것을 가르쳐 지키게 하라
볼지어다 내가 세상 끝날까지 너희와 항상 함께 있으리라 하시니라"

1. For God and Church
하나님의 영광과 그의 몸 된 교회의 영적 성장과 성숙을 위한 도서를 엄선하여 출판한다.

2. Prayer-focused Ministry
기획・편집・제작・보급의 전 과정을 기도 가운데 진행한다.

3. Path to Church Growth
건강한 교회를 세우는 축복의 통로로 섬긴다.

4. Good Stewardship and Professionalism
선한 청지기와 프로정신으로 문서 사역에 임한다.

5. Creating a Culture of Christianity by Developing Contents
각종 문화 컨텐츠를 개발함으로 기독교 문화 창달에 기여한다.